AF384717

RÉVÉLATIONS

SUR

LES JOURNÉES

DES

27, 28, 29, 30 ET 31 JUILLET 1830

OU

CINQ JOURS DE LA VIE D'UN HOMME

PAR C.-A. PHILIPPE.

RÉVÉLATIONS

SUR

LES JOURNÉES

DES 27, 28, 29, 30 ET 31 JUILLET 1830,

OU

CINQ JOURS DE LA VIE D'UN HOMME.

J'ai un devoir à remplir envers le pays, la révélation historique la plus curieuse à faire connaître ; elle sera le désespoir des compromis, mais aussi un sujet d'intérêt pour tous les cœurs nobles et généreux, pour tous les bons Français.

Quelques mystères sur la révolution de 1830 ont été dévoilés avec plus ou moins de fidélité, mais un épisode des plus intéressants est resté ignoré, malgré la gravité des faits ; c'est le danger qui a menacé Sa Majesté Charles X et la Famille Royale dans la nuit du 30 au 31 juillet 1830, par une conspiration qui eût déshonoré le nom Français, attiré sur la France le fléau de la guerre civile et de l'invasion étrangère si elle eût reçu son exécution ; car toutes les nations du monde eussent tiré vengeance du plus atroce des attentats.

Je lèverai encore le rideau sur d'autres faits inconnus. Que d'émotions ils feront éprouver ! Avant tout, je dois faire connaître M. Blandin (Pierre-Philippe), celui dont le courage et l'héroïsme ont préservé la société de maux inouis ; son nom est connu, la presse de tous les partis a rapporté de si beaux épisodes sur lui ! Des historiens et des biographes ont également écrit sa vie civile et militaire. Les hommes de lettres, les auteurs de la *Biographie des hommes du jour*, édition de 1838, ont dit que la ville de Saint-Paul-de-Léon (Finistère) lui a donné le jour; que tout en sa personne révélait une destinée à part. En effet, les événements de sa vie prouvent qu'il ressemble à ceux qui ont reçu une mission spéciale sur la terre.

Dans ses prévisions prophétiques, il eut le courage de dire à Sa Majesté Charles X, vers le 15 mars 1830 : *Sire, dans trois mois votre Majesté cessera de régner, si.* . . . .

En décembre 1847, il annonça à M. Mérilhou, pair de France et conseiller à la Cour de Cassation, la chute de la branche cadette. Je pourrais faire d'autres citations, mais revenons à notre sujet.

Le 27 Juillet 1830.

Est-ce par hasard ? est-ce par un effet miraculeux de la Providence que M. Blandin se trouva dans le parc royal de Boulogne, le 27 juillet après-midi ? Chacun pourra en tirer la conséquence qu'il voudra ; ce qu'il y a de certain, c'est qu'il arriva fort à propos dans l'allée de Madrid, lorsqu'une soixantaine d'hommes, fort résolus et à figure rébarbative, se dirigeaient vers le bas du Parc, tous armés de faulx, de piques, de sabres et de quelques fusils. Quels étaient leur destination et leur but? M. Blandin ne tarda pas à l'apprendre en les suivant, toujours à couvert dans les taillis, d'où il put entendre quelques-uns d'entr'eux qui disaient : « *Nous l'aurons,* « *nous le tenons, malheur à ceux qui voudront s'y* « *opposer ; ce sera toujours un de moins* ».

M. Blandin devina aisément qu'il s'agissait d'un sinistre projet, mais sans connaître le lieu de son exécution. Le mot de Bagatelle prononcé par celui qui dirigeait l'expédition fut comme un coup de foudre pour M. Blandin, qui, en les devançant, se disait : « *Au milieu* « *de l'effervescence qui se manifeste avec tant d'éner-* « *gie sur tous les points de la capitale et des ban-* « *lieues, aurait-on eu l'imprudence de conduire le* « *duc de Bordeaux à Bagatelle !* »

Avec la rapidité de l'éclair, M. Blandin arriva au château de plaisance du jeune prince, qui alors était loin de croire ses jours en si grand danger. Guénier, portier, et sa femme coururent prévenir Beaudoux, concierge. M. Pioger père, informé ainsi de ce qui se passait, enfourcha aussitôt son cheval pour aller chercher la force armée à Saint-Cloud, résidence de la Famille Royale. Quelques instants après les insurgés arrivaient à Bagatelle, des cavaliers venus ventre à terre avec M. Pioger parurent et l'attroupement se dissipa. Le crime si audacieusement projeté dans l'ombre fut ainsi déjoué.

ATTESTATION DE CE FAIT.

« Nous certifions que M. Blandin jeune est venu le « 27 juillet 1830, dans l'après-midi, à Bagatelle, nous « prévenir que des hommes armés venaient surprendre « le château, que nous allâmes prévenir Boudoux et « M. Pioger père, qui partit aussitôt pour Saint-Cloud « chercher des troupes, que M. le baron de Damas vint « dans cet intervalle chercher le prince qui travaillait

« au petit fort, aux places et fortifications dans l'inté-
« rieur du parc de Bagatelle, à côté de son pavillon.
« Paris, le 22 juin 1852.

« Femme Guénier, Zacharie Guénier fils,
« *Rue et Ile Saint-Louis*, 92. »

Il ne faut pas confondre cet événement avec celui du 31 arrivé à Bagatelle, après le départ de la Famille Royale de Saint-Cloud et l'évacuation des troupes pour Maintenon et Rambouillet.

Tandis que l'on pillait le château de Saint-Cloud, une cinquantaine d'hommes, armés de bâtons, se présentèrent pour piller le château de Bagatelle, qui fut sauvé par Humbert, cordonnier bottier, résidant à Neuilly, et son camarade Lecomte, menuisier; l'un était sergent-major des pompiers de la garde nationale de la commune, et l'autre fourrier de la même compagnie.

La conduite de ces deux hommes leur a valu, à chacun, une médaille d'argent à titre de récompense nationale.

Le 29 juillet.

Le 29 juillet, M. Blandin demeurait place du Carrousel. Le soleil paraissait depuis peu sur l'horizon, lorsque les gardes-du-corps, la garde royale, la gendarmerie, la troupe de ligne et les Suisses, se disposaient à marcher contre l'insurrection triomphante, qui néanmoins réclamait à grands cris le Roi, le retrait des ordonnances et le changement de ministère.

Enfin, l'ordre du départ fut donné. Les troupes passèrent de l'ordre en bataille à l'ordre en colonne. Une batterie d'artillerie prit place au centre, et l'on défila tristement. La troupe déboucha sur les quais pour se diriger à l'Hôtel-de-Ville. Un instant après le feu commença de part et d'autre ; ici tombaient les militaires aux cris de : Vive le Roi ! là, des habitants aux cris de : Vive la Liberté ! vive la Charte !

Sur ces entrefaites, une puissance irrésistible entraîna M. Blandin auprès de M. Glandevès, gouverneur des Tuileries, qui, entouré d'un état-major tout consterné et de notabilités, invoquait le courage et le patriotisme des assistants. « Comment ! disait le gouverneur, le sang coule à flots, l'ordre du retrait des ordonnances et du changement de ministère sont arrivés, et personne ne pourra se rendre à l'Hôtel-de-Ville ; ceux qui sont partis ne reviennent pas. Qu'allons-nous devenir ? Les officiers d'ordonnance qui espéraient arriver à cette destination avec les signes parlementaires, ont tous été tués par l'ignorance de ceux qui défendent les barricades. »

Une voix se fit entendre : c'était M. Blandin, qui réclama l'honneur de mourir ou de faire cesser les horreurs de la guerre civile. On lui offrit dix mille francs de récompense, qu'il refusa, et il partit en se dévouant au salut de l'armée, des habitants et de son Roi, au salut de la France, au salut de tous.

Mais comment se rendre à l'Hôtel-de-Ville ? On ne pouvait entrer dans la rue Saint-Honoré sans se trouver entre deux feux ; sortir par le Louvre, c'était encore plus périlleux. Il ne restait donc que le guichet du Pont-Royal. Pour traverser le pont, il fallait encore essuyer le feu des Suisses et de la garde royale, qui occupaient la terrasse du jardin du côté de l'eau et la galerie du Louvre.

A l'autre extrémité du Pont-Royal, du côté du faubourg Saint-Germain, il y avait une formidable barricade dans une position parallèle à la terrasse des Tuileries et du château du Louvre. Pour arriver à cette forteresse, M. Blandin avait donc le feu direct de la barricade à braver; derrière lui les décharges du côté de la terrasse de l'eau, des Tuileries et du Louvre.

Habitué dès son bas âge aux dangers de la guerre, M. Blandin s'élance sur le pont et arrive miraculeusement à la barricade, qu'il escalade à la grande surprise de ceux qui la défendaient. D'abord, on se contenta de lui demander d'où il venait, où il allait. Sur sa réponse qu'il allait chercher un médecin pour des personnes qui se mouraient chez lui, on lui répondit que c'était impossible, mais on le laissa passer, lorsqu'on s'aperçut que son chapeau était criblé de balles; cet incident lui servit heureusement de passage sur tous les points de l'insurrection. Arrivé à la première barricade, rue du Bac, on voulut le retenir; mais ayant passé outre, il croyait pouvoir arriver par le quartier Latin à l'Hôtel-de-Ville. Malheureusement, il n'avait pas fait cinquante pas qu'il fut arrêté de nouveau; là, il reconnut la nécessité de retourner sur ses pas, afin de pouvoir suivre les quais Voltaire, Malaquais, de la Monnaie et de la Vallée, jusqu'au pont de la Grève, surnommé depuis *pont d'Arcole*.

Que de difficultés pour franchir cet espace! La grande barricade du Pont-Royal formait un angle; le deuxième côté était parallèle au pont des Arts, évidemment M. Blandin avait à craindre les feux directs et obliques à gauche de la barricade, à sa gauche les feux de la garde depuis les Tuileries jusqu'au vieux Louvre. Malgré ces nouveaux périls, M. Blandin marcha avec confiance et peut-être un peu de témérité, car il pouvait s'abriter le long du parapet ; mais mourir à couvert dans un drame militaire était une action au-dessous de lui : c'est donc le milieu de la chaussée qu'il suivit. Arrivé à la hauteur du Pont-Neuf, un peloton d'infanterie le couche en joue. Au lieu de précipiter sa marche, il prend le pas ordinaire. Une forte détonation se fait entendre ; les bourres de fusils tombent à ses pieds. Les soldats, il paraît, tirèrent avec intention, soit trop bas, soit trop haut, et M. Blandin continua sa route.

Arrivé à la hauteur du Petit-Pont on fit un feu sur lui, la décharge ne l'atteignit pas ; il arriva enfin sur le pont de la Grève, lorsqu'on jetait à l'eau un homme que l'on disait être un officier de cuirassiers. Voulant s'opposer à cet acte de cruauté, un jeune homme de quinze à seize ans le retira par le pan de son habit en lui disant : J'ai manqué d'être fusillé pour avoir fait comme vous, mon âge seul m'a sauvé ; prenez garde, il en est temps. M. Blandin profita de l'avis, descendit sur la place de Grève qui était couverte de sept à huit cents cadavres entassés les uns sur les autres et tout nus, ce qui offrait un spectacle plein d'horreur.

Le pont de l'Hôtel-de-Ville était occupé par des bourgeois armés, M. Blandin ne jugea pas prudent de s'adresser à eux ; il se dirigea sous la porte Saint-Jean, suivit la rue du Tourniquet jusqu'à celle de la Tixeranderie, où il vit encore un amas énorme de cadavres adossé à l'Hôtel-de-Ville et dans le même état que les précédents. Plutôt mort que vif, M. Blandin s'informa des événements que l'on ignorait aux Tuileries. On ne saurait peindre sa surprise lorsqu'il apprit que la veille l'Hôtel-de-Ville avait été pris et repris trois fois, que la troupe avait été obligée de céder après des pertes incalculables, que M. le comte de Chabrol, préfet de la Seine avait quitté la préfecture, et qu'un gouvernement provisoire y siégeait.

C'est donc là, se dit tristement M. Blandin, que je dois m'adresser, et il entra dans l'Hôtel-de-Ville par une porte de derrière donnant sur la rue Tourniquet; il annonça au gouvernement provisoire l'objet de sa mission, que le Roi adoptait le ministère de M. Casimir Périer, le plus libéral qui ait existé et le plus propre à ramener la confiance. M. Alexandre de Laborde lui répondit au nom du conseil : Il est trop tard, excepté pour les hostilités.

En sortant de l'Hôtel-de-Ville, M. Blandin, en sévère observateur, remarqua que les hommes du poste de la préfecture de la Seine avaient été harangués, aussi ne demandait-on que la mort des ministres et la déchéance du Roi; craignant la contagion de ces idées, il sentit l'opportunité de retourner le plus promptement possible aux Tuileries, malgré les obstacles nouveaux.

Après avoir parcouru diverses rues couvertes de barricades, il fut définitivement arrêté et armé pour marcher avec le mouvement sur le Louvre que l'on attaquait. En chemin il se lia avec un chiffonnier, qui depuis trois jours n'avait ni bu, ni mangé, ni dormi. M. Blandin lui offrit de l'argent qu'il dédaigna. Je prendrai bien quelque chose, dit-il, mais à condition que vous ferez comme moi.

Pour restaurer ce brave homme il fallait gagner des rues un peu éloignées ; grâce à lui M. Blandin put passer des barricades et approcher des Tuileries. Tout en marchant, tout en causant, M. Blandin avait remarqué qu'il y avait au coin des rues et des carrefours des Moniteurs écrits à la main, qui indiquaient les mouvements à suivre dans le cas où l'on serait attaqué de tel ou tel côté; de là il conclut que le service de la place était vendu. Brûlant d'en rendre compte au maréchal Marmont, commandant la place, il fallut quitter le chiffonnier qui, bien des fois sur son passage avait empêché l'effusion du sang et des actes de vengeance sur des blessés ! En se séparant de lui, M. Blandin lui remit son adresse et le complimenta sur sa bravoure et ses sentiments, que l'on regrette bien de ne pas trouver toujours dans des conditions plus élevées.

Comme on attaquait les Tuileries, M. Blandin vit tomber un officier parlementaire qui cherchait à se rendre à l'Hôtel-de-Ville. Ne pouvant alors revoir M. le gouverneur, qui avait suivi les troupes dans leur retraite, il rentra chez lui au milieu de la mitraille.

Dans la soirée, M. le comte de Mazug, qui était placé à côté du baron de Glandevès, lorsque M. Blandin se chargea des ordonnances, fit une visite à ce Monsieur pour l'engager à recevoir son témoignage sur la mission dont il s'était chargé, comme pouvant servir plus tard à la justification de grandes infortunes. Ses tristes pressentiments se réalisèrent cinq mois plus tard : on osa dans le procès des ex-ministres de Charles X nier le retrait des ordonnances et le changement de ministère, M. de Martignac usa de la pièce suivante, donnée si à propos à M. Blandin et presque malgré lui.

« Je certifie que M. Blandin jeune, a eu le courage
« de se charger le 29 juillet 1830, dans la matinée, de
« la périlleuse misssion, de porter à M. le comte de

« Chabrol, l'ordre de convoquer MM. les maires de
« Paris pour publier la cessation des hostilités entre
« la troupe et les habitants, cessation précédant le re-
« trait des ordonnances du Roi et le changement de
« ministère, et que M. Blandin a franchi les barricades
« et passé à travers le feu et la mitraille de la troupe et
« des habitants, depuis le château des Tuileries jusqu'à
« l'Hôtel-de-Ville, et depuis l'Hôtel-de-Ville jusqu'au
« château des Tuileries, mission que l'on avait déjà
« tentée plusieurs fois de remplir, mais infructueuse-
« ment, et qui coûta la vie à plusieurs personnes.

« Je certifie, en outre, que M. Blandin jeune, a re-
« fusé plusieurs mille francs que M. le baron de Glan-
« devès, gouverneur des Tuileries, était chargé de
« donner à la personne qui se dévouerait pour cette
« mission, que ce courageux citoyen fit le refus de cette
« somme, en disant qu'il ne pouvait trouver une mort
« plus utile qu'en se sacrifiant pour arrêter l'effusion
« du sang français, ni un trépas plus glorieux que celui
« de sauver la liberté et son pays.

« Paris, le 29 juillet 1830.

« Comte DE MAZUG. »

On lit plus bas :

« Pour attestation de la signature de M. de Mazug,
« ci-dessus.

« Paris, le 20 septembre 1835.

« *Le commissaire de police du quartier du Roule,*

« BUZELIN. »

A côté le cachet du commissariat.

M. Blandin pouvait obtenir la plus belle des récom-
penses nationales et il ne réclama rien.

Les calomnies répandues la veille contre Charles X portèrent leurs fruits, car on avait caché la situation du Roi et de sa famille, le retrait des ordonnances et le changement de ministère.

Quelle prompte réaction morale! la veille dans la matinée, et l'avant-veille, on s'écriait dans les groupes et les barricades, ainsi que dans les rangs de l'armée : Le Roi est trahi! Ah! s'il savait ce qui se passe! Il ne viendra donc pas !

La troupe et les habitants se regardaient avec pitié ; on attendait le Roi, car sa présence pouvait cimenter une alliance durable entre le monarque, le peuple et l'armée, on les eût tous vu fondre en larmes, se serrer dans les bras les uns des autres, rester unis comme un trophée ; mais, hélas ! le génie de l'obstination de quelques insensés et la trahison de quelques autres s'opposaient à l'union générale, à la stabilité et au bonheur de la France, qui eut reconnu enfin ses véritables ennemis et ses amis.

Le 30 juillet.

Dans l'après-midi, M. Blandin fut informé de bonne part, que le lendemain, à deux heures du matin, le camp des insurgés dans les plaines de Vaugirard, devait surprendre la famille royale à Saint-Cloud ; M. Blandin observa que c'était impossible, qu'il connaissait la position topographique de ce pays, qui était imprenable, surtout défendue par la garde et des troupes de ligne. La famille royale, lui dit-on, n'aura à opposer à l'insurrection que cinquante hommes de la ligne, encore auront-ils le dos tourné du côté de l'attaque.

« La famille royale est abusée par de trompeuses espérances, reprit l'interlocuteur, elle est bien loin d'être sur la défensive. Toutes les troupes sont échelonnées depuis le pont de Saint-Cloud, Boulogne, le parc, jusqu'aux Champs-Élysées. Du côté de Sèvres, depuis le pont jusqu'à Villeneuve-l'Étang, la ville, Ville-d'Avray, la porte Jaune et la place de l'Église, sont sans moyens de défense. »

La révélation était trop vraie. A l'entrée de la route de Sèvres, à gauche, il y avait un petit poste de cavalerie, mais il était insignifiant. Dans Sèvres, il y avait un bataillon de la garde, mais avant qu'il eût eu le temps de se réunir, le château aurait été envahi; enfin, du côté de Sèvres, et sur la ligne courbe jusqu'à la place de Saint-Cloud, il n'y avait pas un avant-poste, sinon celui de Sèvres, si l'on veut le considérer comme tel.

« Partez, dit le renseigneur, à M. Blandin, ou tout est perdu; achetez dans les rues le compte-rendu de la fraction des députés qui ont prononcé la déchéance de la branche aînée; achetez l'annonce de l'envoi d'une députation de députés chargée d'aller à Neuilly offrir la lieutenance-générale du royaume au duc d'Orléans; munissez-vous encore de toutes les diatribes contre le Roi que l'on crie à un sou dans tous les quartiers de Paris. Ne perdez pas une minute.

Dans la matinée on avait levé la consigne qui interdisait toute sortie de Paris : c'était un moyen de grossir le camp de Grenelle d'hommes armés, mais l'ordre avait des exceptions pour les personnes qui paraissaient occuper un rang. M. Blandin fut de ce nombre, lorsqu'il se présenta aux barrières du Sud pour aller à Saint-Cloud. Étant obligé de rentrer à Paris pour ce motif, il médita un stratagème qui réussit. A la nuit tombante, il se représenta à la grille de Grenelle avec sa courageuse femme et leur petite Clara, âgée de deux ans, leur mise était simple, et ils dirent qu'ayant épuisé leurs ressources à Paris, ils se rendaient à Meudon, où ils avaient effectivement un petit pied à terre. Après des questions et des pourparlers sans nombre, après qu'on se fut assuré qu'ils n'avaient ni papiers ni argent sur eux, ils purent continuer leur route.

Il était alors près de dix heures du soir, et ils avaient à franchir au hasard une vaste plaine sans sentiers directs qui pussent les conduire à leur destination, encore avaient-ils à redouter les abords du camp, sous peine de perdre la vie. Dieu seul pouvait les conduire et les sauver.

A peine nos voyageurs avaient-ils fait deux ou trois cents pas, qu'une patrouille muette, composée en partie d'hommes en blouse, les arrêta. Où allez-vous, demanda le chef? Ils répondirent : nous allons à Meudon. Passez, leur fut-il répondu, et on leur enseigna la direction qu'ils avaient à suivre.

Cinq ou six minutes après, une autre patrouille muette les arrêta, mais en les pressant de questions, on avait l'air de mettre en doute qu'ils allassent à Meudon ; on craignait, au contraire, qu'ils se rendissent à Saint-Cloud : mais enfin, ce peloton de bourgeois se retira en silence en souhaitant un bonsoir et un bon voyage.

A des intervalles à peu près égaux, M. Blandin et sa famille faisaient des rencontres du même genre, et toujours ils étaient en butte aux mêmes obsessions, mais plus ils approchaient du bas de Meudon et de Saint-Cloud qui se touchent, plus l'allure des patrouilles devenait incommode et menaçante.

Enfin, à leur arrivée près du pont de Sèvres, une espèce de géant, à voix rauque, à la tête d'un fort détachement, accosta ceux qui allaient providentiellement sauver la famille royale : D'où venez-vous ? Où allez-vous, dit-il ? Comment a-t-on pu vous laisser arriver jusqu'ici ? Vous allez auprès de Charles X ? Si vous voulez en convenir nous ne vous ferons rien ; si vous ne l'avouez pas, nous vous fusillerons.

Un instant après on sépara M. et Mme Blandin, dans l'espoir de leur arracher des aveux, mais n'ayant pu rien en obtenir, ce chef barbare commanda qu'on les fit passer par les armes et de les faire mettre à genoux : mais les cris de la jeune Clara, la résignation courageuse du père et de la mère émurent quelques-uns des hommes que ce monstre avait sous ses ordres, de commun accord ils livrèrent le passage du pont de Sèvres, et les fugitifs, un instant après, se trouvèrent à la grille du bas parc de Saint-Cloud, puis à la porte de l'allée de Breteuil, où ils sonnèrent avec force et précipitation.

Le concierge Gérard vint avec une vingtaine de gardes royaux reconnaître M. Blandin, à qui on s'empressa d'ouvrir. Tandis que M. Blandin volait au château de Saint-Cloud, Girard accompagnait Mme et Mlle Blandin au pavillon où était Mme la comtesse de Trogoff.

En courant, quel ne fut pas l'étonnement de M. Blandin de voir à sa gauche, entre le pavillon de Breteuil et le Fer-à-Cheval, un peloton de la ligne d'environ cinquante hommes, l'arme au pied, le dos tourné aux gradins du côté de la Tour-de-Diogène, ce qui confirmait l'avertissement qu'on lui avait donné en quittant Paris. Son étonnement ne fit qu'augmenter encore, lorsqu'arrivé au Fer-à-Cheval, il trouva les hommes du poste, dans une joie folle, criant avec enthousiasme : Vive le Roi ! Vive la famille Royale ! Vive Paris ! Vive la France ! Au jour à Paris !

D'où peut venir cette joie ? se disait M. Blandin, qui bientôt en découvrit le secret.

Le 31 Juillet.

A minuit cinq minutes, M. Blandin disait à M. le comte de Trogoff, gouverneur de Saint-Cloud et son protecteur : n'avais-je pas raison, mon général, de vous dire, il y a trois mois, que le trône serait renversé.

Vous aviez raison, répondit le gouverneur, mais tout est arrangé, demain nous retournerons à Paris, M. le duc de Mortemart y a été envoyé par ordre du Roi ; notre entrée dans la capitale est arrêtée et sera triomphale.

Comment, s'écria M. Blandin, vous ignorez donc ce qui se passe à Paris, dans le camp de Grenelle? Dans deux heures vous serez peut-être tous égorgés !...

Ne pouvant rien faire comprendre à cet officier général, d'ailleurs si zélé, si fidèle, M. Blandin sortit pré-
cipitamment pour se rendre auprès du Roi. Dans les
escaliers il rencontra son ami M. Pioger père, qui lui
demanda gaîment le sujet de son arrivée à Saint-Cloud.
En un instant il le mit au courant des événements.
Quelle trahison, s'écria le brave et fidèle Pioger en
s'arrachant les cheveux, j'allais monter à cheval avec
Monseigneur le Dauphin qui devait passer la revue des
troupes, impatientes de revoir leur prince !!!

Les deux amis se rendirent à la salle d'attente du
Roi, confiée à la bravoure et à la fidélité de M. le comte
de la Gennetière, le colonel et le père du 5e régiment de
ligne, qui annonça, avec désespoir, que le Roi n'était
visible pour personne.

La consigne de cet officier supérieur était extrême-
ment rigoureuse; mais vu les circonstances, et pour que
M. Blandin n'éprouvât pas de retard à être présenté,
M. de la Gennetière le recommanda au général de Saint-
Simon et au maréchal duc de Marmont.

Son Altesse Royale Monseigneur le Dauphin étant
informé de ce qui se passait fit introduire M. Blandin;
tandis que celui-ci rendait compte du sujet qui l'amenait
à Saint-Cloud, M. Pioger allait, à francs étriers, prévenir
les chefs de postes de se tenir sur leur garde jusqu'à ce
qu'ils reçussent de nouveaux ordres, qui ne tardèrent
pas à arriver.

En même temps il fit déblayer, sur l'avis de M.
Blandin, des voitures de moëllons que les initiés de la
noire conspiration avaient fait entasser depuis quelques
jours dans les champs, au pied du mur en face du Gym-
nase de Son Altesse Royale le duc de Bordeaux, soit

pour favoriser une escalade de nuit, soit pour une entreprise de jour.

M le maréchal de Marmont, en écoutant le récit des journaux à un sou qu'on lisait, la relation du camp de Vaugirard, et de ce qui se passait à Paris, répétait sans cesse :

« J'avais raison de dire que je n'y comprenais rien !
« que j'avais raison de ne voir que des traîtres et de la
« trahison de toutes parts !!! » Le maréchal fondait en larmes.

A une heure du matin les postes et avant-postes furent placés et mis à même de repousser victorieusement toutes les attaques possibles.

Des officiers déguisés qui avaient été reconnaître la position du camp de Grenelle arrivèrent et firent leur rapport immédiatement. Le Roi, reconnaissant trop tard qu'on lui tendait un horrible piége, ordonna le départ de la Cour pour Rambouillet et Maintenon, en recommandant à tout le monde la plus grande discrétion.

Malgré les précautions les plus minutieuses, M. le maire de Saint-Cloud, les adjoints et les membres du conseil municipal, que le danger avait ralliés auprès de la Famille Royale, s'aperçurent, aux allées et venues des officiers généraux, à la tristesse générale, que l'on prenait des dispositions de changement de séjour. Ces messieurs, quoiqu'un peu froissés, observèrent le plus louable silence.

M. Blandin fit ses adieux ; mais, au moment où il allait sortir, M. le général de Saint-Simon s'empressa de lui faire part que le Roi l'avait chargé de lui offrir de l'argent pour continuer son voyage. — Cette offre fut encore généreusement et prudemment refusée.

M. de Chandelaire, capitaine de la Garde-Royale, reçut l'ordre de faire accompagner Monsieur, madame et mademoiselle Blandin jusqu'aux avant-postes. Dieu seul sait ce qu'ils eurent à souffrir pour se rendre dans la Capitale, quels dangers nouveaux ils eurent à courir.

Comme ils auraient été infailliblement massacrés s'ils eussent pris la même route, ils se dirigèrent vers Belle-Vue.

A deux heures et demie, les chefs du camp de Grenelle ne doutèrent pas que l'attaque avait été prévenue, quelques impatients se bornèrent à tirer des coups de fusils sur le château. On suivit cet exemple sur les hauteurs de Meudon, des balles passèrent si près de M. Blandin qu'il fut obligé de faire un rempart de son corps pour couvrir sa femme et son enfant.

A la pointe du jour, l'attaque générale de Saint-Cloud eut lieu, mais sans autres résultats, comme on l'a su par les journaux, que le pillage de la résidence royale, sans combat, et sans résistance, la garde et les autres troupes ayant suivi la Cour qui se dirigeait sur Maintenon.

Je vais rapporter les pièces justificatives des faits que je viens de citer !

PREMIÈRE ATTESTATION.

« Je certifie que M. Blandin jeune est venu à minuit,
« le 30 juillet 1830, prévenir la famille royale que l'on
« allait venir nous surprendre; que M. Blandin a laissé

« sa femme et sa petite fille, nommée Clara, au pavillon
« de Breteuil, où j'étais employée avec mon mari.

« Je certifie aussi que les princes donnèrent une es-
« corte d'honneur à M. Blandin et à sa famille pour les
« conduire hors de danger jusqu'aux avant-postes du
« côté de Sèvres, et que peu d'instants après leur
« départ, la famille royale donna l'ordre de partir pour
« Rambouillet.

« Saint-Cloud, le 26 avril 1847.

« Veuve Queszoy,
« Rue Royale, n° 26 (1). »

DEUXIÈME ATTESTATION.

« Château des Thermes, le 10 mai 1847.

« Je soussigné certifie me parfaitement rappeler que
« dans la nuit désastreuse du 30 au 31 juillet 1830, me
« trouvant alors à Saint-Cloud auprès du roi et des
« princes, M. Blandin jeune vint au château, vers mi-
« nuit, solliciter la faveur d'être présenté à monsei-
« gneur le dauphin, pour faire part d'un grand mouve-
« ment hostile qui se préparait à Paris, qu'il venait de
« quitter, et dont le but était de venir attaquer la famille
« royale avec des troupes et une partie de la population
« de la capitale.

---

(1) Cette excellente dame conserve encore, comme une précieuse
relique, un violon ayant appartenu à M. le comte de Chambord, et en
a maintes fois refusé un bon prix.

« Ce fut à moi que M. Blandin se présenta d'abord ;
« je jugeai la communication d'une telle importance,
« que je le fis conduire devant M. le maréchal Mar-
« mont, qui, à son tour, le présenta au prince.

« Après sa conférence, vers les deux heures du ma-
« tin, le maréchal m'ordonna de faire reconduire
« M. Blandin jusqu'au poste du Fer-à-Cheval, d'où M. le
« capitaine Chandelaire, de la garde royale, le fit ac-
« compagner jusqu'aux avant-postes de la plaine de
« Sèvres. De là, M. Blandin a dû courir les plus grands
« dangers pour entrer à Paris.

« Après le départ de M. Blandin, l'ordre du départ
« pour Maintenon fut donné.

« Le comte DE LA GENNETIÈRE,

« *Ancien colonel du 3ᵉ de ligne* (1). »

TROISIÈME ATTESTATION.

« Je certifie que M. Blandin jeune est venu à Saint-
« Cloud, le 31 juillet 1830, prévenir la famille royale
« qu'on devait la surprendre à 2 heures du matin ; qu'à
« l'arrivée de M. Blandin, à minuit, nous nous atten-
« dions à retourner à Paris le lendemain, et que l'on
« n'avait pris aucune précaution du côté de Sèvres ; que
« les avant-postes n'ont été mis qu'après son arrivée ;
« que Sa Majesté le Roi et monseigneur le Dauphin
« promirent à M. Blandin de se souvenir de son dévoû-
« ment.

---

(1) Les avis au conseil étaient divisés pour cette destination.

« Sitôt mon arrivée de Cherbourg, je me suis fait un
« plaisir d'aller voir M. Blandin:

« Paris, le 25 août 1830.

« PIOGER,

« *Officier de paix près la famille royale.* »

Continuons les faits : M. et Mme Blandin se croyaient
hors de danger, lorsque tout à coup cinq hommes,
cachés sous des arbres, se disposaient à leur barrer le
passage, avec l'intention bien évidente de leur demander
la bourse ou la vie, mais M. Blandin les prévint en
leur disant : « Les amis ! vous serait-il possible de nous
indiquer une source où nous puissions nous désaltérer ?
Nous retournons à Paris, nous sommes sans argent ; nous avons épuisé toutes nos ressources. » Après
cette courte allocution, les cinq bandits se regardèrent
d'un air désappointé, puis ils se mirent à rire. Le plus
hardi, trouvant les poches et les goussets vides, s'écria
avec dépit : « Nous sommes flambés. » Et ils retournè-
rent à leur place en disant : « Ils n'avaient juste que
pour avoir du tabac. »

M. et Mme Blandin, excédés de fatigue et de besoin,
virent avec bonheur les premières maisons de Vaugirard. Leur jeune enfant, qui jusque-là avait goûté les
douceurs du sommeil dans les bras de son père, s'éveilla
aux aboiements d'un gros chien de ferme. Son premier
cri fut de demander du pain et à boire. Quelle douleur !
plus d'argent, et près de deux heures de marche à faire
encore.

Après la révolution de 1830, M. Blandin fit le plus noble emploi de son temps. Les ouvriers malheureux et sans ouvrage, les familles réduites à la misère par la perte de leurs emplois ou de leur position à la cour, les autres infortunées victimes des événements, suggérèrent à M. Blandin l'idée de la fondation d'une institution de bienfaisance, rue de Paradis, n° 5, au Marais, sous le titre de *Concours mutuel*, dans le but de faire concourir les riches au bien-être des pauvres, et le pauvre au repos du riche.

Le fondateur de cette œuvre, doué d'une santé et d'une activité incroyables, obtint des succès qui ont surpassé son attente. Pour élargir le cercle des bienfaits de son institution, il fit un appel aux illustrations de la France, qui ont répondu avec un vif empressement.

Voici comment l'œuvre procédait pour ne pas humilier les personnes tombées dans le malheur, et les préserver du funeste régime des aumônes.

Les membres de cette institution, qui prit plus tard le titre d'*OEuvre d'amélioration sociale*, envoyaient secrètement des secours fructueux et anonymes à domicile, payaient les loyers dans des cas difficiles, fournissaient des outils aux ouvriers, des livres et des instruments aux personnes lettrées.

Sur la recommandation du conseil supérieur de l'OEuvre et des membres qui la composaient, les personnes de l'un et de l'autre sexe obtenaient des emplois selon leur condition et leur aptitude. Souvent des familles entières ont trouvé une heureuse aisance en peu de jours.

Une maison d'étude et de travail pour les petites demoiselles, sous les auspices de l'Œuvre et sous la direction de Mlle Durrier, rue Geoffroi-Lasnier, servait à apprendre la tenue des livres et à donner des états aux jeunes filles.

M. Blandin avait organisé un vestiaire destiné à habiller les hommes, les femmes et les enfants qui se trouvaient dépourvus de vêtements, afin de les rendre présentables pour obtenir de l'occupation.

Les journaux de toutes les opinions ont fait de pompeux éloges de cette Œuvre et de son fondateur.

La *Biographie universelle des Hommes du jour*, dont j'ai déjà parlé, s'exprime ainsi sur M. Blandin :

« Pendant les cinq années qui suivirent la révolution (de juillet 1830), M. Blandin s'occupa de l'étude de l'histoire, de la législation sacrée et des langues; il mûrit la pensée de moraliser la société par le travail et d'éteindre la mendicité; mettre les enfants en apprentissage et les surveiller; procurer des ouvriers aux maîtres et des maîtres aux ouvriers; améliorer les mœurs relâchées dans les ateliers d'hommes et de femmes; faciliter l'instruction gratuite aux jeunes gens peu fortunés que des dispositions particulières entraînent vers les sciences; assurer des secours de toutes natures aux vieillards et aux malades, secours matériels, secours spirituels. Nous n'avons pu dire qu'une partie du bien que peut assurer l'œuvre, attendu que tout ce qui touche à la morale et à la bienfaisance lui appartient. Sa correspondance s'étend à l'étranger aussi bien qu'en France. »

Dans le *Dictionnaire de la littérature française et contemporaine du XIXe siècle* et quelques autres biographies, on rend le même hommage à M. Blandin, qui avait fondé un journal mensuel sous le titre d'*Émulation pour encourager la bienfaisance publique et les actes de vertu*. Dans le troisième numéro d'une publication sous le titre d'*Hommes vivants de la Bretagne*, il était dit en parlant de M. Blandin : « La Bretagne s'honore de lui avoir donné le jour. »

Je ne saurais taire d'autres particularités qui intéressent, non le philanthrope à qui je consacre ces quelques pages, mais encore la société à qui je vais fournir d'utiles renseignements sur l'organisation sociale, qui aujourd'hui occupe le monde entier.

M. Blandin ayant consacré des années à rechercher dans les bagnes, les prisons d'hommes et de femmes, ainsi que dans les diverses branches de la société, la cause de tant de relâchement de mœurs, de misères et de calamités, afin de leur porter remède, créa tout ce qu'il put en fait de prévoyance, tant il s'attachait à prévenir les maux au lieu de chercher à y remédier lorsqu'il n'en est plus temps.

Indépendamment des maisons protectrices qu'il assurait aux jeunes gens qui venaient à Paris pour travailler, il fonda un établissement afin de recevoir les élèves en droit sans parents et sans protecteurs à Paris ; là, les élèves recevaient chaque jour la répétition des cours de la veille. Dans un tribunal composé des élèves de la maison on plaidait les difficultés du droit, et les jeunes gens se formaient à l'éloquence du barreau.

Les progrès de cet établissement attirèrent l'attention des membres de l'œuvre d'améliorations sociales qui, secondés par des capitalistes, mirent des fonds à la disposition de M. Blandin pour agrandir son institution que M. Blondeau, doyen de la faculté de droit, et M. Orfila,

doyen de la faculté de médecine, prirent sous leur pro-
tection spéciale.

M. de Salvandy, alors ministre de l'instruction publique, conseilla à M. Blandin de faire une demande au
gouvernement qui lui allouerait les fonds nécessaires
à la réalisation de son projet sans avoir recours à des
financiers. Le ministre recommanda cette demande
qui obtint un tour de faveur à la Chambre des Députés. (*Voyez le rôle des pétitions, session de* 1842,
numéro 407).

Une commission d'examen fut nommée, mais M. le
rapporteur anéantit la pétition en disant avec une grande
naïveté, que la jeunesse des écoles à Paris n'avait besoin
de protecteurs ni d'amis pour faciliter ses études. Peu
de temps après arriva le drame atroce connu sous le
nom de répétition de la Tour de Nesle, place Maubert,
dont toute la presse s'est émue. Presque en même temps,
un élève de l'Ecole de Médecine porta la tête sur l'écha-
faud, faute de protecteur dans la capitale.

Tant d'orages sur le pays redoublèrent le zèle de
M. Blandin qui présenta au gouvernement plusieurs plans
d'amélioration sociale que divers ministres et à des épo-
ques différentes accueillirent favorablement. De ce nombre sont : MM. Guizot, de Rémuzat, Duchâtel, de Salvandy, dont nous avons les lettres entre les mains. Ces
Messieurs, justement alarmés par l'exposé que M. Blandin leur soumit sur la statistique officielle de l'époque,
en 1844, constatant qu'il y avait un individu inscrit aux
indigents sur treize à Paris, non compris les familles
malheureuses laissées à la bienfaisance privée;

Que jamais la jeunesse ne fut si précoce, si intelli-
gente, et si intéressée ;

Que sur 30,000 enfants qui naissent à Paris, la moitié à peine arrivait à 25 ans ;

Que le tableau des mortalités sur les jeunes gens de l'un et de l'autre sexe présentait un chiffre effrayant, comme on va en juger ci-après :

DÉCÈS A DOMICLE.

Hommes, femmes et enfants. 17,020
Dans les hôpitaux 9,601
Ainsi, plus de la moitié des habitants de la capitale mourait dans les hôpitaux, et n'étaient pas compris dans ce nombre les militaires ni les déposés à la Morgue.

NAISSANCES.

Enfants nés de mariages. 20,215

Hors mariages à domicile 5,665
Id.   dans les hôpitaux. 4,621
Total. 10,286

Plus de la moitié des enfants étaient donc illégitimes.

(*Voyez l'Annuaire des longitudes* 1845.)

STATISTIQUE JUDICIAIRE 1844.

Dissolutions conjugales prononcées par les tribunaux

de première instance malgré les formes coûteuses et
gênantes. **23,141**

Plus de 100,000 demandes étaient encore en instance.
(*Voyez le compte-rendu de la justice criminelle* 1845.)

Sur vingt-cinq jeunes gens de la période de 20 à 25
ans qui passaient devant les tribunaux criminels pour
crimes entraînant la peine capitale ou infamante, plus
de vingt se trouvaient dans ce cas par des connaissances
et des liaisons avec des hommes et des femmes de mau-
vaise vie, par les fréquentations de bals, cafés et maisons
de jeux.

Les trois quarts des enfants étaient perdus par le
mauvais exemple des parents, par leur imprévoyance,
le manque d'éducation et d'instruction.

STATISTIQUE MÉDICALE.

D'après les *Annales* rédigées par nos principaux
médecins, on ne vit jamais tant de maladies pulmonaires
et de poitrine sévir sur la jeunesse.

Jamais on ne vit tant d'enfants du sexe masculin af-
fectés de tempérament lymphatique, qui à la troisième
ou la quatrième génération ne sera plus propre à la pro-
création.

Tel était le tableau que M. Blandin soumit à l'appré-
ciation du gouvernement, et tout cela, lorsqu'on disait

qu'il n'y avait jamais eu tant de mœurs ni de religion ; on en donnait pour preuve l'affluence dans les églises ; mais n'était-ce pas ainsi que l'on se pressait dans les temples de Jérusalem à la veille de la destruction de cette ville superbe ?

Depuis 1844 le mal n'a fait qu'empirer, que serait-ce donc aujourd'hui ?

M. Blandin soumit aussi un plan pratique de bienfaisance publique afin de diminuer les charges de l'Etat.

D'après de sérieux examens dans les bureaux du ministère de l'intérieur, Messieurs Durieux et de Marquiset, chefs de bureaux des établissements généraux de bienfaisance, proposèrent au gouvernement l'adoption du plan sur la bienfaisance publique proposé par M. Blandin, comme devant procurer de grandes économies, des améliorations, soulager et moraliser tout en même temps ; mais un chef de bureau au département de la Seine ayant été consulté, déclara ne pas en reconnaître la nécessité, et le plus louable des projets n'eut encore pas de suite.

M. Blandin, vivement appuyé de plusieurs ministres, d'un grand nombre de pairs de France et de députés, sollicita de M. de Salvandy l'autorisation de donner des cours gratuits à la jeunesse et aux adultes, d'après sa méthode éprouvée sur l'éducation morale, physique et intellectuelle, qui avait pour but de dissiper les préventions et les controverses si nuisibles à la religion ; de la faire pratiquer avec sincérité et connaissance de cause ; de rendre les hommes meilleurs, soumis aux lois, affectueux dans leurs familles ; de donner à la société des hommes forts et robustes, par des prescriptions morales, hygiéniques et gymnastiques ; de préserver les personnes de l'un et de l'autre sexe, à l'aide de son ingénieuse théorie sur la perception mise à la portée de tout le monde, des impressions internes et externes dont les effets ignorés, conduisent à tant d'actes immoraux et de faiblesses. Mais, hélas ! tous ceux qui se disputaient le monopole de l'enseignement, formèrent une coalition contre le novateur pour défendre leurs livres et leurs doctrines : aussi une réponse favorable se fait encore attendre.

M. de Rhéville, chef du bureau de la Statistique générale du royaume, au Ministère de l'Intérieur, présenta M. Blandin à un de ses collègues, afin d'accélérer l'autorisation de ses cours. Quelques jours après il retourna demander une réponse ; mais, à son grand étonnement, un employé lui répondit : « Oui, nous savons que vous « êtes fortement appuyé, et si M. le Ministre le veut, « nous ne le voulons pas. » Quelle était donc cette puissance occulte au-dessus des ministres et du gouvernement ? C'est un mystère pour beaucoup de monde, mais pas pour nous.

M. Blandin, dans ses moments de loisir, a écrit de curieux épisodes, qui se sont passés sous ses yeux ; ils n'ont pu être publiés, car il eut fallu le concours d'une classe indifférente, ingrate, abusée, égoïste, qui ne lit pas, qui ne veut rien savoir, qui n'aime personne et que personne n'aime, qui ne songe qu'à posséder et dont tous les plans tournent sans cesse à son désavantage et à celui de tout le monde, en l'entraînant vers le précipice qui s'ouvrira sous ses pas.

Dans quelque temps M. Blandin publiera des ouvrages

fort intéressants dans le but du bien-être général. Dans l'un il traite, sous un nouveau point de vue, les différents systèmes d'économie politique et sociale, les associations, les corporations anciennes et modernes, la cause du paupérisme, des émigrations et du surcroit des populations en Europe. A côté des maux il signale les remèdes. Il mettra aussi au jour des documents historiques inconnus.

La Suisse, depuis des années, réclame M. Blandin ; aujourd'hui on insiste avec d'autant plus d'empressement que tout ce qu'il a annoncé, et que l'on regardait comme des craintes exagérées, se réalise chaque jour.

C.-A. Philippe, Homme de Lettres.